AF233095

RÉFLEXIONS

D'UN ÉLECTEUR

A PROPOS DE LA BROCHURE

DE

M. SALNEUVE

CLERMONT-FERRAND

LIBRAIRIE J.-B. Bravy Rousseau, ÉDITEUR

14, RUE DE LA TREILLE, 14

1874

CLERMONT-FERRAND. — IMPRIMERIE DE L'AMI DE L'ORDRE.

RÉFLEXIONS

D'UN ÉLECTEUR

A PROPOS DE LA BROCHURE

DE

M. SALNEUVE

Le hasard vient de placer sous nos yeux une petite brochure adressée par M. Salneuve, député du Puy-de-Dôme, à ses amis, ce qui veut dire à ses électeurs. Séduit par son titre : *Le Respect de la loi sous la République*, nous avons cédé à la tentation de la lire, quoiqu'elle ne fût pas à notre adresse. Nous avions en effet la naïveté de croire que M. Salneuve, habitué par ses fonctions judiciaires au culte aveugle de la loi et s'autorisant de la compétence toute spéciale qu'elles lui donnent, allait y administrer à ses amis, si connus par leur insubordination, une forte volée de bois vert, ou tout au moins leur faire une morale sévère et bien sentie.

Tout le monde sait, en effet, que les républicains

font, en quelque sorte, métier d'être en insurrection permanente avec les lois de leur pays. Ils ont, tour à tour, détruit tous les gouvernements que la France s'est donnés depuis 80 ans et n'ont jamais rien fondé. Chose bizarre, c'est lorsqu'on pourrait croire leur ambition satisfaite, lorsque, par un heureux coup de main, ils sont parvenus à installer, pour un instant, leur chère République, que leurs attaques contre le pouvoir et les lois deviennent plus violentes et plus acharnées. Lisez l'histoire : la première République n'a été qu'une longue série de luttes entre républicains s'entr'égorgeant pour savoir qui aurait le droit d'égorger les royalistes. Sous la République de 1848, les rues de Paris ont été ensanglantées par la plus formidable insurrection qu'on ait jamais vue et qui cependant n'était qu'un jeu d'enfants comparée à celle que nous réservait la République de 1870.

De la part des républicains, cet état permanent d'insurrection, persistant et s'aggravant sous la République, trouve son explication dans leur tempérament d'abord, mais aussi dans cette circonstance que cette forme de gouvernement, qu'on nous dit cependant être celle qui divise le moins, a tout autant, sinon plus, de nuances que l'arc-en-ciel a de couleurs; seulement, au lieu de se fondre, ses couleurs se heurtent. Nulle part l'intolérance n'est plus grande qu'entre les différents genres de République. Les républicains entre eux sont comme les électricités de même nom, ils se repoussent, et de leur choc résultent les plus terribles commotions.

Telles étaient les réflexions que nous avait suggérées le titre de la brochure de M. Salneuve. Tel nous semblait devoir être le thème qu'il avait dû développer. Nous étions heureux de songer qu'un ancien magistrat, affrontant les colères du parti républicain, allait entreprendre la tâche difficile de ramener ses frères et amis au respect de la loi. Nous nous disions, avec une certaine satisfaction : il y a progrès, les républicains s'amendent, ils commencent à parler le langage de la raison, à comprendre que le premier devoir de quiconque aspire à prendre en main le gouvernement de son pays est de donner l'exemple du respect des lois ; si les républicains se décident à entrer dans cette voie et y persistent, la République finira par devenir possible. Nous nous réjouissions à cette idée, car, nous aussi, nous sommes républicains, mais, jusqu'à nouvel ordre, en théorie seulement.

Le titre de la brochure n'était pas seul à me procurer cette douce illusion. Il avait pour complices deux épigraphes qui contribuaient beaucoup à m'y entretenir ; l'une empruntée à l'un de nos plus profonds penseurs, Montesquieu, « *La loi est la raison humaine* », c'est-à-dire tout ce qu'il y a de plus respectable, après Dieu, parce que, de tous les attributs de l'homme, la raison est celui qui le rapproche le plus de la divinité ; puis un précepte d'Horace que je voudrais voir gravé dans le cœur de tous les républicains : *Quid leges sine moribus ?*

Mon illusion n'a pas été de longue durée, car, à peine avais-je lu les premières pages de la brochure, je me suis aperçu que je n'avais pas affaire à l'ancien magistrat mais uniquement au député, bientôt simple candidat, et que le titre avec les épigraphes n'étaient qu'une mystification, un expédient employé pour déguiser, sous une étiquette menteuse, une réclame en faveur de la République, ou plutôt en faveur de la réélection de l'auteur.

Il est vrai que, de loin en loin, M. Salneuve y parle du respect que l'on doit à la loi, et, surtout à la loi politique ; mais il ne faut pas une grande perspicacité pour deviner que la loi politique à laquelle il songe, la seule qui, dans sa pensée, soit digne du respect qu'il enseigne, est celle qui proclamerait la République définitive. Je parierais qu'au moment où il écrivait sa brochure il se berçait de la douce illusion que l'Assemblée voterait la proposition Casimir Périer, comme elle en avait voté l'urgence. Il a dû prendre la plume sous l'empire d'un état extatique, dans lequel sa chère divinité, la République, lui est apparue, le bonnet phrygien surmonté d'une auréole, et lui a **murmuré** à l'oreille : **Annonce à la France que je suis** décidément sa patronne, en vertu d'une loi duement en forme, et qu'à ce titre j'entends qu'on me respecte.

Il ne faut pas s'attendre en effet à voir M. Salneuve s'élever dans les régions sereines de la philosophie du droit, ainsi que pourraient le faire supposer et le titre et les épigraphes de sa brochure. Ses quelques pages sont uniquement consacrées à la polémique. Toutefois, au début, il semble vouloir prendre son essor. Il est facile de pressentir que, s'il y réussît, son vol sera lourd et pénible. Mais, soit que les forces lui manquent, soit qu'il ne puisse se séparer **de sa chère République**, il ne parvient même pas à détacher du sol ses pieds englués dans le bourbier républicain. La République est son seul objectif. Il ne voit qu'elle, ne pense qu'à elle et ne parle que d'elle. **Le droit, c'est la République**; le salut, c'est la République; le respect de la loi, c'est le respect de la République. Toute la brochure pourrait à la rigueur se résumer dans ce seul mot : la République. Cependant c'est l'oiseau rare, et, pour vous la faire admirer par elle-même et par ses contraires, M. Salneuve est obligé, franchissant l'espace et le temps, de **vous** promener à travers l'Inde et l'Asie, de **vous** introduire dans Athènes et dans Rome. Il vous montre, ici, les affreux méfaits du despotisme; là, le spectacle enchanteur des Républiques de l'antiquité. Il s'extasie devant leurs admirables institutions, protectrices, dit-il, de la liberté, de l'égalité des droits des citoyens (pages 7 et 8). Il y a néanmoins des ombres à ce riant tableau. Cette liberté, cette égalité que M. Salneuve semble envier aux temps passés, comment fait-il pour les concilier avec la lèpre hideuse de l'esclavage qui souille Rome aussi bien qu'Athènes? Est-ce qu'on a le droit de parler de la liberté, de l'égalité à propos d'un pays où celui qui travaille et produit est l'esclave de celui qui consomme. Il y a mieux à Rome; la population libre, elle-même, était divisée en patriciens et plébéiens, tant était respecté le principe de l'égalité. Mais qu'importent à M. Salneuve ces légers inconvénients? Tout est pour le mieux dès le moment qu'il s'agit d'une République. Quant à la république de Sparte, M. Salneuve la passe sous silence. C'est que sans doute il lui serait difficile d'en faire l'apologie, car l'égalité y était telle qu'elle absorbait non-seulement la liberté mais encore la famille et la propriété qu'il veut bien admettre comme les fondements de l'ordre social. Mais s'il n'en parle pas, beaucoup de ses amis y songent, et, maintenant comme autrefois, la République d'Athènes, type choisi par M. Salneuve, après

M. Gambetta, confine de bien près à la République de Sparte, type choisi par les Communards.

Pour M. Salneuve, la République est le droit par excellence. Il sait très-bien qu'elle ne s'est jamais établie que par surprise ou par violence; mais elle ne cesse pas d'être le droit, alors même qu'elle abuse de la force. Il nous le dit aussi clairement que le permettent les ménagements que sa situation lui impose lorsqu'il écrit : *La lutte est engagée entre les deux principes rivaux, la force et la raison..... C'est la lutte entre la Monarchie et la République* (page 9). Suivant lui, la Monarchie ne peut être que la force alors même qu'elle a pour elle la consécration persistante du suffrage universel; à la République seule appartient le privilége de représenter la raison, et, par conséquent, le droit qui est la raison humaine, alors même qu'elle abuse de la force pour s'imposer à qui n'en veut pas. C'est la théorie déplorable inventée par les jacobins et reprise, à notre époque, par leurs continuateurs, auxquels on a donné le nom de radicaux.

C'est, sans doute, parce qu'il considère qu'entre les mains des républicains la force se change aussitôt en droit que M. Salneuve a cru pouvoir la flétrir sans comprendre qu'il s'exposait à faire remonter sa flétrissure à son parti qui a tant abusé de la violence. C'est ainsi qu'il n'a pas craint de dire sententieusement que la force n'obtient jamais qu'un empire éphémère quand l'usage qu'on en fait n'est pas ratifié par la volonté générale (p. 3). Nous l'engageons à méditer cet aphorisme, il y trouvera certainement l'explication des difficultés qu'éprouve la République à prendre racine en France. Il y trouvera aussi la raison qui a fait que l'Empire, sorti d'un coup de force, a pu durer vingt ans, et n'a péri que dans un immense désastre national. C'est que le coup d'État de 1851 a été sollicité par l'opinion publique et que l'opinion publique l'a ratifié par trois fois.

M. Salneuve dit, en passant, quelques mots de la Monarchie comme d'une institution qui ne vaut même pas la peine d'être discutée. Ce sont surtout la Monarchie constitutionnelle et l'Empire qui ont le privilége de lui agacer les nerfs. La Monarchie traditionnelle, il n'en parle même pas. Cependant le parallèle entre les deux principes contraires qui se partagent le monde, le droit divin et le droit populaire, lui aurait fourni la matière de quelques bonnes pages. Il a laissé échapper la seule occasion qu'il avait de nous dire quelque chose de sérieux et de sensé. Mais qu'importe à M. Salneuve la souveraineté nationale, si elle ne signifie pas République ? Et quant à la République, qu'importe qu'elle lui arrive par la volonté nationale, par la ruse ou par la violence ? N'est-elle pas, d'où qu'elle vienne, le droit des droits, le droit supérieur à tous les autres; tandis que la Monarchie, quelle qu'elle soit, est la violation flagrante du droit. Il n'a pas assez de dédain pour la Monarchie tempérée. Le roi constitutionnel n'est pour lui qu'un mannequin que font mouvoir les ficelles parlementaires (p. 15). Pour l'Empire, ce n'est plus du dédain, c'est de l'indignation qu'il éprouve ; heureusement qu'il a trop *de sérénité dans l'âme et de dignité dans le caractère* pour ne pas se contenir, sans quoi nous en entendrions de belles. Il se borne à constater que la France a trop chèrement expié son engouement pour ne pas revenir bien vite à la République (p. 15). Il n'y a qu'un empêchement à ce retour désiré, c'est que les fautes de la République nous ont coûté plus cher encore que celles de l'Empire. Dans tous les cas, en expiant les fautes de l'Empire, ce sont ses propres fautes que la France expie, puisqu'elle s'était identifiée avec lui par tous les votes que l'on sait; tandis qu'en expiant les fautes de la République, elle expie le crime de quelques misérables qui, pour ne pas laisser échapper une occasion unique d'escamoter le pouvoir, n'ont pas craint d'enter une révolution sur l'invasion étrangère, et de désorganiser le pays, alors que le devoir le plus élémentaire de tous les bons citoyens était de s'unir et de se grouper, dans l'intérêt de la défense commune, autour du gouvernement existant. De même que ces voleurs de profession qui profitent d'un incendie pour exercer leur criminelle industrie, les républicains ont commis leur attentat contre le suffrage universel, et se sont emparés du pouvoir à la faveur d'un immense désastre national. La France ne l'oubliera jamais.

Tel est le crime que nous avons expié par le démembrement de deux provinces, par la Commune, et que nous expierons peut-être plus cher encore. Les criminels du 4 Septembre n'avaient qu'une manière de se faire pardonner, c'était de sauver la patrie, comme ils l'avaient annoncé. Mais, tout au contraire, ils ont achevé sa ruine; ils ont rendu la paix impossible, alors qu'elle s'imposait à tout esprit sensé, comme une triste mais inéluctable nécessité; ils ont sacrifié, sans utilité, des milliers de jeunes gens qu'ils ont laissés mourir de faim, de froid et de misère; ils ont épuisé les caisses de l'Etat par un affreux gaspillage ; ils ont fait saccager les trois quarts de la France ; et tout cela, pour arriver en définitive à ce beau résultat de livrer la patrie exténuée et sans défense à la discrétion d'un ennemi d'autant plus implacable qu'ils avaient surexcité ses exigences et son avidité. Ce n'est pas tout, impuissants à calmer les mauvaises passions qu'ils avaient surexcitées, sans autorité pour faire respecter la souveraineté nationale par ceux qu'ils avaient poussés à la violer la veille, consentant au désarmement des soldats de l'ordre, et se refusant à désarmer les repris de justice auxquels ils avaient distribué des fusils et des canons, ils ont couronné leur œuvre de destruction en laissant s'accomplir, sous leurs yeux, le plus épouvantable forfait qu'ait enregistré l'histoire : la Commune. Et ces hommes qui devraient se cacher sous terre osent encore s'adresser au public dans des brochures quand ils ne peuvent pas le haranguer d'un balcon ; ils osent lui parler des crimes de l'Empire, et le convier au banquet fraternel d'une République athénienne ! Jusqu'où peut aller l'audace, quand elle n'est pas contenue par la pudeur !

M. Salneuve est donc sans pitié pour l'Empire. Il le flétrit par cette réflexion cruelle : *Tout gouvernement est jugé par sa fin* (p. 16). Avant M. Salveuve, Ovide avait dit :

Donec felix eris, multos numerabis amicos.

C'est la même pensée plus franchement exprimée. Cette manière de juger un gouvernement par sa fin et non par ses actes est pour nous toute une révélation. Elle nous explique ce que nous n'avions pas compris jusques-là, comment il se fait que pendant toute la durée de l'Empire, M. Salneuve ait sollicité ses faveurs, qu'il ait obtenu dans la magistrature des postes de choix pour lesquels ses meilleurs titres étaient certainement la recommandation d'un haut personnage dont il était fier alors d'être le compatriote, et qu'il ait attendu le déclin et même la fin de ce gouvernement maudit pour prononcer son jugement. C'est un procédé commode, une heureuse invention à l'usage des ambitieux qui n'aiment que les soleils levants.

Mais revenons au fond de la brochure, et tâchons, pour mieux la saisir, de condenser son argumentation distendue et dispersée au milieu des considérations accessoires qui s'y mêlent. Pour M. Salneuve, il semble n'y avoir qu'un principe, l'égalité. Ce principe a pour conséquence forcée le suffrage universel qui, lui-même, a pour conséquence forcée la République. Quant à la première proposition, nous n'y contredirons pas; le suffrage universel est bien la conséquence logique de l'égalité devant la loi. C'est l'égalité dans le droit politique. Le doute ne pourrait exister qu'au point de vue pratique, et sur la question d'opportunité. Lorsqu'on voit le suffrage universel nous donner pour législateurs des Naquet, des Lockroy, des Ranc, des Barodet, etc., etc., il peut être permis de douter de lui, malgré la légitimité de son principe, et d'hésiter à lui livrer les destinées du pays. Mais la chose n'est plus à faire, elle est faite. Ce fut encore une des folies des républicains, il y a 25 ans, de décréter, sans préparation et sans transition, le suffrage universel dans un pays où règnent encore les ténèbres de l'ignorance, où rien ne fait contrepoids au déchaînement des passions populaires. Il est difficile aujourd'hui de toucher à une institution qui fonctionne depuis un quart de siècle. Du reste, l'élément conservateur a une grande supériorité numérique en France. Dans ces conditions, le suffrage universel n'est un danger qu'à raison des erreurs auxquelles il est sujet. Il est inconscient du mal qu'il peut faire. Ce qui jusqu'à présent a conjuré le péril auquel cette ignorance nous expose, c'est que, plus sensé que ceux qui l'ont créé et mis au monde, le suffrage universel, pénétré de son insuffisance, a eu la raison de se laisser diriger par le gouvernement impérial qui lui inspirait confiance par son dévouement incontestable à l'ordre public. Cette confiance qui a fait la force de l'Empire et lui a permis de nous donner vingt années d'ordre par le suffrage universel, les républicains, même les plus conservateurs, ne l'inspireront jamais, parce que chaque fois que la République est proclamée, l'on voit sortir de tous les coins des républicains de toutes les couleurs, se disputant la confiance des électeurs, et que ceux-ci, ne sachant auxquels entendre, incapables de discerner les bons des mauvais, les tiennent tous en défiance ou bien se livrent à ceux qui sont les plus habiles à surprendre leur bonne foi. Aussi, loin de considérer, comme M. Salneuve, que le suffrage universel appelle nécessairement la République, nous estimons au contraire qu'il l'exclut, du moins quant à présent et pour longtemps encore. La République pourrait être un gouvernement sérieux avec un corps électoral censitaire; avec le suffrage universel, elle dégénèrera toujours en anarchie.

Du reste, la seconde proposition de M. Salneuve

n'est pas plus exacte au point de vue doctrinaire qu'au point de vue pratique. Il n'est pas permis de dire que la République est la conséquence forcée du suffrage universel, parce que le suffrage universel n'a d'autres conséquences que celles qu'il lui plaît de produire. C'est un souverain absolu auquel personne n'a le droit d'imposer des lois. Tant qu'on refusera de le consulter, il n'est pas possible de dire s'il aura pour conséquence la République, l'Empire ou la Monarchie. Attribuer à la République un droit supérieur à la souveraineté nationale, c'est soumettre à l'instrument la volonté qui s'en sert. Il est évident, en effet, que la souveraineté ne peut s'exercer qu'au moyen d'un certain mécanisme qui constitue les institutions politiques du pays ; mais ces institutions, par là même qu'il est souverain, le suffrage universel seul a le droit de les choisir. M. Salneuve réprouve, avec raison, la théorie des hommes providentiels, mais il devrait réprouver aussi la théorie des institutions providentielles. L'une ne vaut pas mieux que l'autre. Il n'y a de supérieur, il n'y a de vrai, il n'y a de salutaire que le principe de la souveraineté nationale librement pratiqué. Malheureusement les républicains ne le respectent pas plus que les monarchistes. Chacun croit être en possession du remède souverain qui doit sauver le pays. Ceux-ci le voient dans tel ou tel prétendant, ce sont les empiriques, ceux-là dans telles ou te les institutions, ce sont les docteurs ; et la pauvre France agonisante, au milieu de tous ces sauveurs, la France, qui n'aurait qu'un mot à dire pour se sauver elle-même, ne peut pas le dire, parce qu'on ne la consulte pas. Arrière, empiriques et docteurs, laissez parler le pays, il sait mieux que vous le remède qui lui convient !

Nous ne saurions trop le répéter, la République n'est pas plus le droit que tout autre gouvernement. Elle ne peut le devenir qu'à la condition qui s'impose à tous aujourd'hui, d'avoir pour elle la consécration du suffrage universel. Quand il aura parlé, les républicains qui se posent en défenseurs de la loi, qui nous en enseignent le respect, auront le devoir de se taire et de s'incliner devant son verdict. Le feront-ils ? On peut en douter, parce que l'expérience nous apprend qu'ils ne respectent les décisions du suffrage universel que lorsqu'il leur donne raison. Les faits sont là pour le prouver. En 1848 une Assemblée est élue par le suffrage universel nouvellement acclamé. Soit à raison de l'émotion inséparable d'un premier début, soit à raison de la pression exercée par les fameuses circulaires et les agents de MM. Jules Favre et Ledru-Rollin, cette Assemblée est républicaine ; c'est la seule Assemblée républicaine que le suffrage universel nous ait donnée depuis 26 ans qu'il fonctionne. Mais elle ne l'est pas assez au gré de certaines fractions du parti, et nous avons le 15 mai suivi de près par les terribles journées de juin. L'Empire reçoit la consécration de plusieurs plébiscites ; les républicains cherchent toute espèce de faux fuyants pour se dérober à l'autorité incontestable de ces décisions populaires, et finissent le 4 septembre, les Prussiens aidant, par renverser le gouvernement que venaient d'acclamer de nouveau 7,500,000 suffrages et par disperser une Assemblée tout fraîchement sortie de l'urne électorale. L'élection du 8 février 1871 est une énergique protestation contre la violence faite au pays par les républicains. Tout aussitôt ceux ci ripostent par la Commune, l'attentat le plus épouvantable qu'ils aient encore commis contre la souveraineté nationale. Si cette progression conti ue, l'on se demande ce que sera leur prochaine insurrection.

Je n'ignore pas avec quelle facilité les républicains jettent par-dessus bord leurs amis compromis et compromettants. Je sais qu'ils prétendent que ces attentats ont été commis par une tourbe qu'ils répudient, sans toutefois la désavouer complétement. Mais je sais aussi que cette tourbe est leur point d'appui ; que c'est là qu'ils recrutent leurs électeurs, dans la période de moyens légaux, et leurs combattants, quand sonne l'heure des moyens violents. Ils n'ont donc pas le droit de la répudier. Du reste, si la tourbe prenait au mot cette répudiation, je me demande ce qu'il leur resterait d'électeurs. Mais comment nier cette solidarité gênante, lorsque dans chacun des attentats que nous venons de citer on retrouve la main de certains chefs du parti ? Nous venons de voir les conseils de guerre condamner des députés et un membre du gouvernement provisoire de 1870, de même que nous avions vu la haute Cour de justice condamner des représentants et des membres du gou ernement provisoire de 1848. Les républicains voudraient nous faire croire que la queue de leur parti marche seule. Ce n'est pas vrai. Toutes les fois qu'elle se met en mouvement, c'est qu'elle obéit à la tête.

Il n'y a pas à distinguer entre la tête et la queue. Tous les républicains sont complices, au moins moralement, des attentats dont certains des leurs prennent l'initiative. Ce qui le prouve, c'est que ja-

mais aucun d'entre eux n'a voulu flétrir la
Commune autrement que dans ses crimes de droit
commun, le pillage, l'incendie, l'assassinat, qu'ils
qualifient par l'expression adoucie d'*excès*. Or, nous
savons ce que parler veut dire, et cet euphémisme
ne signifie qu'une chose, c'est que si les communards ont eu tort de piller, d'assassiner et d'incen-
dier, ils ont bien fait de s'insurger contre une Assemblée qui n'est pas républicaine. Parmi les députés de
la gauche, pas un n'a pris la parole pour stygmatiser
l'attentat commis contre la souveraineté nationale.
Impassibles, ils attendaient le résultat de la lutte,
tout prêts à applaudir les vainqueurs et à constituer
un nouveau gouvernement provisoire. Ce n'est pas
tout : obéisssant à un mot d'ordre parti d'en haut,
tous les conseils municipaux républicains ont signé
des adresses scandaleuses à l'Assemblée, dans le seul
but d'affaiblir et d'infirmer son droit, en s'attachant à
excuser la Commune, dans toute la mesure que com-
portaient les précautions indispensables. Vous étiez
donc bien, tous, les complices, je ne dis pas des crimes de droit commun, mais certainement de l'attentat politique de la Commune. Et vous ne voulez pas
qu'on vous appelle communards ; et vous osez nous
parler du respect de la loi, vous qui ne cessez de
faire violence au suffrage universel, qui est la loi des
lois, et qui vous efforcez de briser ses arrêts, toutes
les fois qu'ils vous sont contraires. Vous ne le faites
pas ouvertement, c'est vrai ; mais vous lancez votre
meute de repris de justice contre le pouvoir issu du
suffrage universel, et, pendant qu'elle force ce gibier,
friand objet de votre convoitise, vous vous tenez
prudemment à l'écart, n'attendant que le moment de

prendre une large part à la curée. Le suffrage universel n'est, pour vous, qu'un instrument que vous espérez faire servir, en le faussant, à vos desseins ambitieux ; si, trompant votre attente, il résiste, vous le rejetez loin de vous pour en prendre un autre, le fusil.

Je viens de vous prouver, l'histoire à la main, le peu de cas que vous faites de la souveraineté nationale, vous qui vous présentez comme les champions du droit et de la légalité. Je n'ai pas cité la moitié des preuves écrasantes qui sont à ma disposition. En voulez-vous encore : après l'élection de 1871, dont à dessein vous n'aviez déterminé ni l'étendue ni le caractère, vous vous êtes bien vite aperçu que vous n'étiez dans l'Assemblée qu'une faible minorité. Qu'avez-vous fait ? Vous lui avez contesté le pouvoir constituant, craignant qu'elle n'en usât au profit de la Monarchie, et vous avez persisté à le lui dénier pendant quatre ans. Puis, un jour, toutes les tentatives monarchiques ayant échoué, rassuré de ce côté par l'impuissance de l'Assemblée, vous avez conçu le fol espoir que, de guerre lasse, elle se déciderait à proclamer la République. Aussitôt vous avez changé vos batteries, et, reconnaissant à cette Assemblée le pouvoir constituant que vous lui aviez dénié jusque-là, vous l'avez sollicitée de l'exercer, vous l'avez exercé vous-mêmes, en votant pour la République définitive, sauf à vous déjuger encore, le jour où l'entente entre les partis monarchistes vous ramènerait vos premières inquiétudes. Il ne faut pas analyser longtemps cette conduite pour y voir la duplicité dont sont empreints tous vos actes, et une nouvelle preuve de votre profond mépris pour le suffrage universel dont vous nous chantez les louanges. Un dilemme suffira : de deux choses l'une, ou le pays avait fait aux députés élus le 8 février une délégation complète emportant le pouvoir constituant, ou il ne leur avait donné qu'un pouvoir limité, défini, se réservant, pour l'exercer plus tard, la part la plus essentielle de sa souveraineté, le droit de constituer. Dans la première hypothèse, en déniant à l'Assemblée, pour l'empêcher de proclamer la Monarchie, le pouvoir constituant qu'elle tenait de l'élection, vous avez porté une atteinte grave au suffrage universel dont vous avez tenté de paralyser l'action. Dans la seconde hypothèse, en reconnaissant à l'Assemblée le pouvoir constituant qu'elle n'avait pas et que le pays s'était réservé, en exerçant vous-même ce droit que vous aviez déclaré ne pas avoir, vous vous êtes rendus coupable d'un attentat plus grave encore ; vous avez commis une véritable usurpation. Sur quelque terrain que vous vous placiez, vous avez outragé la souveraineté nationale. L'on ne pourra pas dire, cette fois, que c'est la queue ; c'est bien la tête du parti, puisque ce sont les républicains qui siégent à l'Assemblée qui se sont rendus coupables de cette inconséquence. La convoitise du pouvoir vous a perdus, vous êtes démasqués, vos bel es paroles ne tromperont plus personne, tout le monde sait maintenant que vous ne reconnaissez pas plus la souveraineté du peuple que celle du monarque ; il n'en est qu'une devant laquelle vous vous incliniez, c'est la souveraineté du but ; et le but, ce sont les places que vous aspirez à vous distribuer.

Les républicains, du reste, ont une manière toute particulière de comprendre le suffrage universel.

Pour eux le pays est tout entier dans cette horde de bandits qui forme l'armée de la Révolution. C'est ce qu'ils appellent le peuple héroïque de Paris ; et Paris, c'est la France. La province ne compte pas. Elle paye la plus grande partie des impôts ; elle envoie ses enfants se faire tuer pour la défense de la patrie ; les habitants des campagnes fertilisent la terre à la sueur de leur front ; ils sont la clef de voûte de l'édifice social, parce qu'ils produisent les choses d'absolue nécessité et fournissent à l'industrie la plus grande partie des matières qu'elle emploie ; on les flatte, on les caresse tant qu'on espère se les concilier, en les trompant ; et, dès qu'on voit qu'ils sont rebelles à l'esprit révolutionnaire, on les outrage, on les traite de ruraux, d'ignorants, et l'on s'insurge contre le gouvernement qu'ils ont choisi. Voilà comment les républicains se comportent avec le suffrage universel. Ils ne connaissent qu'une chose, la révolution violente ; ils ne connaissent qu'un peuple, les gredins qui la font. Le peuple qui travaille et qui, par par là même, n'aime ni la Révolution, ni la République, ce n'est pas leur affaire, ils ne le comptent pas. C'est ainsi que M. Salneuve n'hésite pas à dire *qu'au 4 Septembre la République a été ressuscitée par l'assentiment général* (p. 18). Ici l'outrage fait à l'histoire est doublé d'un outrage fait à la langue française. Que l'auteur nous permette de lui dire, en passant, que l'assentiment est la ratification d'un fait accompli et n'en est jamais l'initiative. Mais, en prenant la phrase de M. Salneuve pour ce qu'elle veut dire, quelle audace il faut avoir pour parler de l'adhésion générale à propos d'une révolution qui se place entre le plébiscite de 1870 et les élections générales de 1871. Tout le monde sait que le 4 Septembre a été fait par la bande de repris de justice que Paris tient toujours à la disposition des organisateurs de révolutions, et que s'il a réussi, cela tient uniquement à ce que le gouvernement, négligeant le souci de sa défense, pour mieux pourvoir à celle du pays, s'était complétement désarmé. Mais tout le monde sait aussi que, dès qu'il fut permis au suffrage universel de se prononcer sur cette infâme révolution faite avec la complicité des armées étrangères, l'assentiment général dont on nous parle se formula en une énergique protestation. M. Salneuve, moins que personne, ne peut l'ignorer, car, dans le département qu'il représente, sur onze députés à élire, il ne sortit de l'urne électorale que trois noms républicains acceptés et patronés par le parti conservateur, dans une pensée de conciliation, et que lui-même resta fruit sec, malgré le relief que lui donnaient ses fonctions judiciaires et malgré le bruit, ou peut-être à cause du bruit, qu'avait fait autour de son nom certain jugement plein d'à-propos. En écrivant que l'assentiment général a approuvé le 4 Septembre, alors qu'il l'a flétri comme il le méritait, M. Salneuve calomnie le suffrage universel et se moque indignement de ses amis du Puy-de-Dôme.

L'on se demande ce qu'il a bien pu vouloir dire, lorsqu'après avoir constaté que l'assentiment général a fait la République, il écrit qu'*elle se trouve aujourd'hui en présence de ses adversaires, sans autres alliés que le droit et la voix souveraine du suffrage universel* (p. 18). M. Salneuve est vraiment bien exigeant pour la République, s'il n'est pas satisfait, alors qu'elle a pour elle le droit et le suffrage universel.

Quels peuvent donc être les adversaires auxquels il fait allusion, s'il est vrai qu'elle ait été accueillie par l'assentiment général? Cela ne signifierait-il pas qu'il a moins de confiance qu'il ne le dit, dans le suffrage universel? Sont-ce des adversaires du dehors qu'il redoute, et le défaut d'alliance dont il se plaint accuserait-il des préoccupations à l'endroit de nos relations extérieures et de l'isolement que nous vaut la République? Ou bien encore ne serait ce qu'une phrase vide de sens, comme il lui arrive quelquefois d'en commettre? Toutes les hypothèses sont possibles ; toutes les conjectures permises.

M. Salneuve voit tout en rose ; il ne faut pas lui en vouloir, c'est d'un heureux caractère. Il lui semble que les préventions contre la République s'effacent, que la bourgeoisie qu'il admettrait volontiers comme classe dirigeante, si elle consentait à diriger le char de la République, se rallie de plus en plus chaque jour à cette forme de gouvernement (p. 19). On voit que nous sommes loin de l'assentiment général qui aurait fait la République, puisque M. Salneuve en est à se féliciter des adhésions successives qui viennent et des préventions qui s'en vont. Quoi qu'il en soit, il y a bien un certain fonds de vérité dans cette observation, mais il ne faut pas attacher aux faits observés une importance qu'ils n'ont pas. Il n'est pas douteux que, dans l'impossibilité de constituer autre chose, nous nous rattachons provisoirement à la République, de même que celui qui n'a pas de lièvre se contente de manger du lapin. Mais il ne s'ensuit pas que nous devenions républicains, car, le jour où un gouvernement monarchique viendrait s'offrir à nous, nous nous attacherions à lui, avec toute l'énergie du désespoir, comme des naufragés se cramponnent à la planche de salut qu'on leur tend. Puis savez-vous ce qui a le plus contribué à nous faire surmonter nos répugnances pour la République ? c'est qu'à l'heure qu'il est, elle est gouvernée par des hommes sages qui ne sont pas républicains du tout; qui n'ont aucune accointance avec les bandits et qui les traitent en ennemis de la société. Si nous étions assurés que la coterie républicaine n'arrivera jamais au pouvoir, nous serions tous et pour toujours républicains. Nous ne tenons autant au monarque que parce qu'il nous délivre de vous, en vous empêchant d'arriver. Ce qui fait à nos yeux le mérite de la Monarchie, c'est qu'elle est la négation de la République. Humbles électeurs, nous n'avons l'honneur de connaître ni le comte de Chambord, ni le comte de Paris, ni le Prince Impérial. Ce qui nous attire vers eux, ce n'est donc pas le sentiment, c'est la raison. Pénétrés du danger dont l'ordre social est menacé par le parti républicain, et connaissant le cœur humain, sachant que l'intérêt est le seul stimulant vraiment énergique de la conduite des hommes, nous nous disons que la société sera bien mieux défendue par un gouvernement perpétuel, par l'hérédité, que par un gouvernement éphémère, périodiquement renouvelable, et qui n'a d'autre stimulant que son dévouement à la chose publique. Le principe d'hérédité que nous aimons et que vous repoussez, nous ne le recherchons que comme un lien de solidarité qui place les intérêts qui nous sont chers sous la sauvegarde de l'intérêt dynastique. Notons bien que lorsque nous parlons ici d'intérêts, nous n'entendons pas parler de ces infimes questions de détail que provoquent les compétitions égoïstes des individus, mais de ces grands intérêts sociaux qui s'élèvent à la hauteur de véritables droits naturels, et sont les bases fondamentales de l'édifice. Si jamais le parti républicain pouvait disparaître, emportant avec lui l'esprit de discorde et de destruction qu'il souffle sur la France, la Monarchie n'aurait plus de raison d'être et la République serait possible. Jusque-là vous aurez beau nous faire des agaceries, vous aurez beau nous faire entrevoir la direction des affaires, vanter les lumières, l'intelligence et le patriotisme des conservateurs, ils n'iront pas à vous, parce que vous êtes les ennemis déclarés de la conservation sociale.

Disons que la bourgeoisie n'est pas seule l'objet des caresses provocatrices de M. Salneuve. Ses tentatives de séduction s'adressent aussi, tour à tour, aux ouvriers des villes et à ceux des campagnes (p. 20 et 21). Aux premiers il fait compliment de leur sagesse et de leur modération. Il en fait les éclaireurs de la civilisation, il les appelle les combattants d'avant-garde. Tout en leur disant qu'ils ne doivent rien attendre que de la liberté, ce qui signifie : de leur travail et de leur activité, il leur promet que la République étudiera non-seulement leurs besoins, mais même leurs *vœux*, expressions vagues, propres à surexciter toutes les convoitises, et par là même, puissants moyens de propagande fort en usage chez les républicains.

Aux paysans il rappelle la triste situation que leur faisait l'ancien régime, alors qu'ils étaient mainmortables, taillables et corvéables à merci. Il leur parle de leurs fronts courbés sous le joug de l'asservissement et des sueurs parlesquelles ils fécondaient un sol dont leurs maîtres récoltaient les fruits. Il leur dit qu'ils ont la mémoire des injures, mais, craignant qu'ils ne l'aient pas assez, il évoque, avec perfidie, tous leurs vieux griefs contre l'ancienne aristocratie. Puis, confondant intentionnellement deux dates, attribuant les principes de 1789 à la République qui ne fut proclamée qu'en 1792, il s'efforce de leur persuader, suivant la tactique habituelle de son parti, que c'est à cet aimable gouvernement qu'ils doivent d'être devenus propriétaires et citoyens.

La première partie de la brochure de M. Salneuve est gaie. Sa prétention de démontrer doctrinairement la supériorité de la République, son admiration pour cette forme de gouvernement, ses illusions sur son avenir, ont quelque chose d'enfantin et de naïf qui réjouit le cœur. Mais, *in caudâ venenum*, la dernière partie est venimeuse. Rappeler aux paysans leurs anciens griefs contre un régime à jamais détruit, alors qu'on sait combien ils sont effrayés de l'éventualité d'un retour impossible, abuser de leur ignorance pour leur faire croire que c'est à la République qu'ils doivent leur émancipation, c'est une manœuvre électorale que les bienséances nous empêchent de qualifier. Faire entrevoir aux ouvriers la satisfaction de leurs besoins et même de leurs vœux, qui ne sont le plus souvent que des appétits, au lieu de leur montrer l'exemple des paysans qui ont su conquérir l'aisance par le travail et l'économie, c'est une mauvaise action. Il faut faire pour ceux qui souffrent tout ce que l'humanité commande, mais il ne faut pas les leurrer par des promesses fallacieuses qu'on sait ne pas pouvoir tenir, et qui seront suivies des plus cruelles déceptions. Quand il s'agit d'ouvriers frappés par une infortune imméritée, faire et se taire, voilà la règle. C'est parce que les républicains en prennent toujours le contre-pied que, chaque fois qu'ils sont arrivés au pouvoir, leur triomphe a été suivi des plus formidables insurrections.

Ce qui choque le plus chez M. Salneuve c'est son défaut de franchise. Il se pose en homme de droit, et d'un bout à l'autre de sa brochure qu'il intitule : *Le respect de la loi*, il fait l'apologie de la révolution violente. Il est à la fois miel et vinaigre. Il procède par insinuations. Ses attaques se dissimulent toujours sous les formules du plus grand respect. C'est ainsi que, tout en nous disant qu'il respecte la religion, il fait ses réserves contre les ministres du culte trop enclins, dit-il, à sortir du domaine spirituel (p. 23). C'est au moyen de ces misérables subtilités que les républicains, tout en protestant de leur respect pour la loi, font métier de renverser successivement tous les gouvernements établis.

M. Salneuve prétend respecter aussi la justice, et tout aussitôt il ajoute cette triste réflexion qu'on est tout surpris de rencontrer dans sa bouche : *Mais, sous les gouvernements antérieurs, son sanctuaire n'a-t-il pas été quelquefois envahi par la politique* (p. 23)? Un ancien magistrat qui exprime son respect pour la justice en flétrissant la magistrature, quel scandale! La magistrature n'est certainement pas infaillible, mais personne n'a le droit de suspecter ses intentions, parce que personne n'a le droit de pénétrer dans les replis de sa conscience. Cette réserve était pour M. Salneuve, ancien magistrat, un devoir plus pressant que pour tout autre. Puisqu'il y a manqué, nous pouvons nous en affranchir aussi et nous lui demanderons s'il est bien sûr que la politique n'a't jamais pénétré dans le sanctuaire où il rendait ses jugements. Nous lui rappellerons un vieux brocart qu'il connaît certainement : *Is fecit cui prodest*. S'il n'est pas menteur, l'on est autorisé à croire que l'ambition politique de M. Salneuve ne fut pas étrangère à certain jugement dont elle a retiré les plus grands bénéfices. Mais c'est trop insister sur un sujet aussi délicat et nous avons hâte de quitter le terrain brûlant sur lequel nous avons eu le tort de suivre M. Salneuve.

Le dernier chapitre de la brochure est intitulé : Conclusion. Cette conclusion, le lecteur la connaît déjà, car à chaque page et presque à chaque ligne il l'a rencontrée. Elle se résume en trois mots : Prenez mon ours. A l'approche des élections cela veut dire : Votez pour la République, et mieux encore, votez pour moi. Une réclame électorale, telle est l'infime conclusion à laquelle aboutit cette brochure parée d'un titre pompeux, de considérations philosophiques, et de citations empruntées à Montesquieu. *Mons parturit, nascitur ridiculus mus.*

Nous conclurons à notre tour en disant que, malgré les prétentions doctrinaires qu'elle affecte, la brochure de M. Salneuve n'est qu'un ramassis de lieux communs républicains. Son auteur, en se drapant dans le manteau du sage, n'est parvenu qu'à se rendre grotesque. En se posant en penseur, il nous fait voir qu'il n'a jamais pensé sérieusement aux choses dont il parle, et qu'encore, à l'heure qu'il est, la seule chose à laquelle il pense, c'est son élection.

Qu'est-ce en effet que cette théorie jacobine timidement ébauchée par M. Salneuve et qu'il a résumée dans ces quelques mots : *La République, c'est le droit; la Monarchie, c'est la force!* Est-ce une théorie soutenable? Car enfin il importe de remettre sur leurs pieds les principes dont il a fait une si complète hécatombe.

Dès que vous admettez un droit supérieur à la souveraineté nationale, vous l'anéantissez. Qu'il soit républicain ou monarchiste, le droit divin en est la négation. Cette souveraineté ne peut jamais s'exercer que par délégation; par conséquent elle consiste bien moins dans le droit de se gouverner soi-même, ce qui n'est pas possible, que dans le droit de choisir son gouvernement. Dès lors, elle est inconciliable avec l'idée d'une forme de gouvernement imposée. L'on ne comprendrait pas un peuple souverain auquel on viendrait dire, quelles que soient tes traditions, quels que soient tes besoins, tu n'as pas le droit de te constituer en Monarchie. Nous ne le répèterons jamais trop, la République n'est qu'une institution, elle n'est pas un principe. Certainement, et nous ne nous refusons pas à le reconnaître, cette institution se prête mieux que tout autre à l'exercice du droit qui est la souveraineté nationale, mais à condition d'abord que la souveraineté nationale ne la répudie pas, car imposée, nous venons de le dire, elle en est la violation; à condition en outre que les mœurs, le caractère et le tempérament du peuple, les conditions géographiques et climatériques du pays s'y prêtent. C'est un coin du tableau que M. Salneuve laisse complétement dans l'ombre, et c'est cependant celui qu'il est le plus essentiel d'étudier, car c'est là qu'est le nœud de la difficulté. L'on a d'autant plus le droit de s'étonner de cet oubli de sa part que Montesquieu, dans le chef-d'œuvre où M. Salneuve a puisé l'épigraphe qui est présumé condenser la pensée dominante de sa

brochure, n'a eu d'autre but que de faire connaître les circonstances infinies dont est obligé de tenir compte celui qui a mission de donner des lois à son pays. On les trouve énumérées sommairement au chapitre III du livre 1er, immédiatement après la définition de la loi que M. Salneuve s'est appropriée. Essayons de faire ce qu'il n'a pas fait; et d'abord pour bien établir notre règle, citons ce qu'il aurait dû citer : « Elles (les lois) doivent être tellement pro-
» pres au peuple pour lequel elles sont faites que
» c'est un très-grand hasard si celles d'une nation
» peuvent convenir à une autre.

» Il faut qu'elles se rapportent à la nature et au
» principe du gouvernement qui est établi ou qu'on
» veut établir, soit qu'elles le forment, comme font
» les lois politiques, soit qu'elles le maintiennent,
» comme font les lois civiles. Elles doivent être rela-
» tives au physique du pays, au climat glacé, brû-
» lant ou tempéré, à la qualité du terrain, à sa situa-
» tion, à sa grandeur, au genre de vie des peuples,
» laboureurs, chasseurs ou pasteurs ; elles doivent se
» rapporter au degré de liberté que la constitution
» peut souffrir ; à la religion des habitants, à leurs
» inclinations, à leurs richesses, à leur nombre, à
» leur commerce, à leurs mœurs, à leurs manières.
» Enfin, elles ont des rapports entre elles, elles en
» ont avec leur origine, avec l'objet du législateur,
» avec l'ordre des choses sur lesquelles elles sont
» établies. C'est dans toutes ces vues qu'il faut les
» considérer. »

Ceci posé, demandons-nous si les circonstances physiques et morales qui constituent la manière d'être de la nation française sont favorables ou contraires au développement des institutions républicaines. Hâtons-nous d'ajouter toutefois que nous n'avons pas l'intention ici de pénétrer dans tous les détails de ce vaste sujet, mais simplement de l'ébaucher à grands traits,

Parlons d'abord des circonstances physiques.

La grande étendue du territoire français, couvert d'une population compacte, forme un premier obstacle au fonctionnement de ces institutions. Plus l'action d'un gouvernement doit rayonner au loin, plus il importe qu'il soit fort. Un pouvoir monarchique est plus fort qu'un pouvoir républicain, parce que la force véritable d'un gouvernement est tout entière dans les dévouements qu'il inspire, et que ces dévouements, qui s'adressent surtout aux personnes, se mesurent toujours sur les chances de durée de leur puissance. C'est dans la nature des choses, parce que c'est dans la nature humaine. Un gouvernement provisoire est toujours un gouvernement faible, et la République qui, par essence, est un gouvernement provisoire, quant aux personnes, ne peut jamais être un gouvernement fort.

D'une autre part, une nation populeuse, par ce fait seul, porte en elle des principes de dissolution qui n'existent pour ainsi dire pas dans les petits Etats. La divergence et la multiplicité des intérêts, la diversité des mœurs et des caractères y forment des éléments contraires qui ont besoin, pour être maintenus en faisceau, du lien d'un gouvernement fort. Aussi, ni l'histoire ancienne, ni l'histoire moderne ne nous fournissent d'exemples de grands Etats gouvernés en république. Seuls les Etats-Unis semblent faire échec à cette règle; mais il n'en est rien. Cette

république est une confédération formée d'une foule
de petits Etats qui se sont groupés en vue de réaliser
et d'assurer leur indépendance, tout en conservant
une certaine autonomie. Dieu nous garde de jamais
sacrifier à la forme républicaine l'unité qui fait la
force et la grandeur de la France, œuvre lente et
pénible de plusieurs siècles de Monarchie. Il est cependant des républicains qui caressent cette pensée
criminelle. Il est bon de leur rappeler toute l'importance que leurs pères attachaient à l'unité française.
Elle est attestée par deux décrets de la Convention,
l'un, du 22 septembre 1792, déclare que la République
française est une et indivisible ; l'autre, du 16 décem-
bre suivant, établit la peine de mort contre quiconque
proposera ou tentera de rompre l'unité nationale.

Notre situation géographique milite aussi en faveur de la Monarchie. Une République française
serait isolée, sans alliances et sans sympathies, au
milieu de la vieille Europe qui a, partout, conservé
ses traditions monarchiques.

Enfin, le sol de la France, d'une fertilité toute ex-
ceptionnelle, se signale autant par la variété que par
l'abondance de ses productions. Cette fertilité du sol
est le principe d'une grande richesse qui engendre,
elle-même, un esprit de conservation qui ne trouve
pas dans la République les garanties d'ordre dont il a
besoin. Cette considération, nous l'empruntons encore à Montesquieu que M. Salneuve aime à consulter : « Ainsi, dit-il, le gouvernement d'un seul se
trouve plus souvent dans les pays fertiles, et le gouvernement de plusieurs dans les pays qui ne le sont
pas. » (*L'Esprit des lois*, livre XVIII, chap. 1er.).

Mais ce qui condamne la République bien plus encore que les considérations topographiques, ce sont les considérations morales.

Le gouvernement républicain est, entre tous, celui qui exige la plus grande somme de vertu ; c'est encore Montesquieu qui nous l'apprend. Nous engageons M. Salneuve à lire et méditer les chapitres III, IV et V du livre III de l'*Esprit des Lois*. Il y verra quelle perfection morale il faut avoir pour prétendre à se constituer en République. Sous ce régime, en effet, la loi vous étreint moins ; le sujet est en même temps souverain et le bras du prince ne pèse pas sur lui ; il faut qu'un profond sentiment du devoir supplée au relâchement du principe d'autorité. Eh bien ! mettons la main sur notre conscience. Avons-nous à un degré suffisant cette vertu, ce sentiment du devoir, ce respect de la loi qui sont indispensables au fonctionnement des institutions républicaines ? Personne n'oserait le soutenir, car, s'il est une chose sur laquelle nous soyons tous d'accord, c'est sur la confession de notre déplorable situation morale. Nous sommes impatients de toute autorité. Celle même du père de famille n'est plus respectée. L'abnégation, le dévouement n'existent plus ; l'ambition et l'égoïsme ont pris leur place. La France est torturée par un immense appétit de jouissances matérielles. L'activité productrice en est décuplée ; mais en même temps est aussi décuplé l'emploi des procédés rapides pour arriver à la fortune. Les spéculations aventureuses, l'agiotage, les tripotages, la sophistication des fournitures militaires, tous les moyens sont bons pour atteindre le but. La propriété légitimement acquise n'a plus de prestige et n'inspire plus de respect, compromise qu'elle est par celle qui a une origine honteuse. Le plus précieux élément de bien-être, parce qu'il est à la portée de tout le monde, la simplicité, qui procure la modération dans les désirs, s'est exilée de la terre. Quelque rapide qu'elle soit, l'augmentation de la richesse ne peut plus suffire à l'augmentation des besoins plus rapide encore. Personne aujourd'hui n'est content de son sort, parce que le sentiment dominant est l'ambition dont le propre est de n'être jamais satisfaite. Un immense désir de paraître et briller s'est emparé de nous. Sur le pavé des rues, comme dans les salons, chacun rivalise de luxe. Le mal commence même à gagner les campagnes. Toutes les passions que l'esprit de rivalité traîne à sa suite, l'envie, la haine, la colère, s'amassent dans les cœurs, y fermentent, puis un beau jour font explosion. Telle est la cause des formidables insurrections qui éclatent toutes les fois que le pouvoir est affaibli, et des crimes épouvantables qui les accompagnent, nous donnant ainsi l'avis salutaire d'avoir toujours un gouvernement fort.

Comme on le voit, notre situation morale est loin d'être bonne. Tout le monde le reconnaît, et si l'on est partagé, c'est uniquement sur les causes auxquelles le mal doit être attribué. Les uns en rendent responsable le despotisme impérial. N'est-ce pas prendre l'effet pour la cause ? Les autres attribuent le mal à la périodicité des révolutions qui ont affaibli le principe d'autorité et jeté dans le pays un funeste ferment de dissolution, en lui montrant, à chaque instant, le spectacle de fortunes politiques aussi rapides qu'imprévues. D'autres enfin, remontant plus haut, voient le principe du mal dans le matérialisme qui nous ronge, dans l'abandon de la foi et des sentiments religieux qui seuls sont assez forts pour lutter contre les mauvaises passions de la nature humaine, et nous maintenir dans la voie du devoir et de la vertu. Mais qu'importe à notre sujet cette grave question de responsabilité ? Nous avons constaté le mal, personne ne le conteste ; cela suffit à démontrer combien il est chimérique et dangereux de vouloir instituer la République en France.

Maintenant cet état moral est-il sans remède ? Faut-il y voir, comme on le répète trop souvent, les symptômes d'une rapide décadence et d'une fin prochaine ? Non, certainement ! A voir comment la France se relève et répare des désastres qu'on pouvait croire irréparables, l'on peut affirmer que tout espoir n'est pas perdu, et que, dans un avenir prochain, elle aura repris sa place dans les conseils de l'Europe et son rang à la tête de la civilisation, mais à une condition, c'est qu'elle se gardera de la République qui ne lui donnerait que des agitations dissolvantes, alors qu'elle a besoin de calme et de repos. Un gouvernement fort peut, seul, refaire sa constitution morale si profondément ébranlée.

Dans le même ordre d'idées, il est une autre considération qui doit nous mettre en garde contre la République, c'est la versatilité de notre caractère. Elle aggrave encore le grand inconvénient de cette forme de gouvernement qui est de priver le pouvoir de l'esprit de suite indispensable à la réalisation des grandes entreprises. Il est difficile de se faire une idée de la promptitude avec laquelle un courant politique se transforme, chez nous, en un courant diamétralement contraire. Ces transformations subites

de l'opinion publique constituent un dang r réel
d'autant plus grand, qu'ennemis de la modération,
nous allons toujours aux extrêmes. Je n'en veux
d'autres preuves que les élections partielles rappro-
chées des élections générales du 8 février 1871. Il
faut se méfier de la République, c'est un Protée
qui change de forme à chaque instant. Elle vous
endort, aujourd'hui, au doux murmure d'une source
limpide, et demain elle embrasera le monde dans
un immense incendie. Du reste la République conservatrice est un mythe, une utopie. Elle nous place
sur un plan incliné où l'on ne rencontre rien à quoi
l'on puisse se cramponner, et l'on glisse dans la République radicale, pour de là tomber dans l'abîme de
la Commune. Les Girondins seront toujours broyés
dans le choc des partis extrêmes. Le gouvernement
républicain n'est propice qu'à la licence ; il est mortel
à la vraie liberté. Il ne peut se préserver des excès
que sous la forme dictatoriale ou par le secours de
l'état de siége. C'est notre tempérament qui l'exige,
si nous voulons conserver les précieuses conquêtes
de 1789, si nous voulons éviter qu'elles ne se perdent
dans le désordre et l'anarchie, si nous voulons développer progressivement des institutions sagement
démocratiques et vraiment libérales, il est indispensable d'y placer l'hérédité du pouvoir exécutif comme
élément modérateur.

Dans cette grave question, les partisans de la République ont encore un tort, c'est de ne pas tenir
compte de nos habitudes et de nos traditions monarchiques. Un pays ne rompt pas brusquement avec
son passé. Lorsqu'il a derrière lui 13 ou 14 siècles de
monarchie, il peut bien se laisser, par surprise, impo-

ser la République et la subir pendant quelque temps, comme on subit un accident de force majeure, mais dès qu'il rentre en possession de lui-même, il revient toujours à la forme de gouvernement sous laquelle il a si longtemps vécu, en s'efforçant de l'adapter à ses besoins nouveaux. L'unité dans le pouvoir est une de ses conditions qui nous paraissent le plus indispensables, nous en faisons une absolue néc ssité. Dans leur simplicité, les paysans la traduisent en des termes bien expressifs : « Les affaires ne marcheront pas tant qu'il n'y aura pas un chef, disent-ils; » ce qui ressort d'une telle réflexion, c'est que la République eur produit l'effet d'un pouvoir décapité. Une République avec un président leur procure encore une certaine illusion. Celle de l'illustre maréchal de Mac-Mahon ne les inquiète pas trop, parce qu'ils voient en lui cette tête dont ils ne peuvent se passer; puis son épée leur inspire confiance. L'homme les rassure contre le danger des institutions. Mais je défie qu'on leur fasse prendre au sérieux une République avec un conseil exécutif.

Cette puissance de la tradition, les républicains, à leur insu, la subissent. Il ne leur est pas possible de comprendre le gouvernement comme une abstraction indépendante des personnes; et cependant c'est là ce qui caractérise la République. Tout comme les paysans, tout comme les monarchistes, il faut qu'ils le personnifient. Les partisans de la République conservatrice la personnifient dans M. Thiers, les partisans de la République radicale la personnifient dans M. Gambetta. Rien ne saurait mieux démontrer combien la tradition monarchique est vivace en France.

De tout ce que nous venons de dire il résulte que
la France est non-seulement impropre mais rebelle
au fonctionnement des institutions républicaines.
Toutes les raisons physiques et morales que Montesquieu nous indique comme devant faire écarter cette
forme de gouvernement se retrouvent chez nous à
leur suprême puissance. Malheureusement l'expérience a trop souvent confirmé le jugement du grand
penseur et l'application que nous devons nous en
faire. Jamais ce pays n'a été si profondément troublé,
jamais la loi si ouvertement violée, jamais la souveraineté nationale si outrageusement foulée aux pieds
que sous la République. La Terreur, le 15 Mai, les
journées de Juin, la Commune, sont là pour l'attester,
en même temps que pour nous donner les utiles
avertissements de l'expérience. Certainement la République est, entre tous les gouvernements, le plus
rationnel, mais en théorie seulement, car, en pratique,
le gouvernement le plus rationnel est toujours celui
qui s'adapte le mieux aux exigences du peuple auquel on veut l'appliquer. *Quid leges sine moribus ?*

Après avoir lu l'opuscule de M. Salneuve on se
demande dans quel but il s'est approprié cette pensée
si profonde et si vraie, dont il ne tient aucun compte,
si ce n'est pour donner à son travail certaines appa-
rences extérieures d'une étude sérieuse et profonde.
Celui qui lit est bien vite désabusé. Cette brochure
n'est en réalité qu'un ballon gonflé par du vent.
En voyant l'enveloppe et les inscriptions qui s'y
trouvent, vous vous imaginez que vous allez être
emporté majestueusement dans l'espace ; mais à
peine avez-vous perdu terre que, tout aussitôt, vous
y retombez lourdement, et vous vous retrouvez face

à face avec l'auteur quémandant hnmblement les suffrages de ses concitoyens.

A mon avis, M. Salneuve aurait aussi bien fait de continuer, devant ses électeurs, le silence prudent que, depuis trois ans, il obs.rve à la Chambre. Je ne crois pas que le petit morceau de littérature philoso-pho-politique qu'il vient de leur servir soit de nature à lui conquérir beaucoup de suffrages, et tout fait supposer que les prochaines élections lui feront des loisirs qu'il fera bien d'employer à méditer l'esprit des lois et le *quid leges sine moribus*. S'il en est ainsi, l'on pourra dire qu'il a fini sa carrière politique, comme il l'a commencée, par un plaidoyer *pro domo suâ* (1).

---

(1) L'on peut se rappeler que M. Salneuve, qui n'a pris la parole qu'une seule fois à l'Assemblée nationale pour défendre son élection contestée, crut devoir, en mode de précaution oratoire, s'excuser de venir parler *pro domo suâ*.

CLERMONT, IMP. DE L'AMI DE L'ORDRE.

www.ingramcontent.com/pod-product-compliance
Lightning Source LLC
LaVergne TN
LVHW050316030726
842520LV00005B/1629